ESTADOS ALTERADOS

ALFREDO VILLANUEVA-COLLADO

𝒜ltered
𝒯uning

Gracias a mi sobrino Raphael Koster Villanueva, por convertir este proyecto en una realidad.

Copyright © 2016 Alfredo Villanueva-Collado
All rights reserved.

"Noche oscura," "Sala de espera," "Conga del fuego," and "Cibernia" first appeared in *Bitácora de vuelo 2016*.

Author photograph by Abersio Núñez.
Other photographs by Alfredo Villanueva-Collado.
Cover design by Raph Koster.

Published by Altered Tuning Press
12463 Rancho Bernardo Rd., #556
San Diego, CA 92128

ISBN: 0-9967937-2-0
ISBN-13: 978-0-9967937-2-8

ESTADOS ALTERADOS

ALFREDO VILLANUEVA-COLLADO

ALFREDO VILLANUEVA-COLLADO
POEMARIOS

Las transformaciones del vidrio. Ediciones del fakir 62. México: Editorial Oasis, 1985. Republicado como parte de *De Antiguo Amor.*

Grimorio. Colección Murmurios n. 4. Barcelona: Juan Luis Pla Benito, ed., 1988.

En el imperio de la papa frita. Prólogo de William Rosa. Santo Domingo: Editorial Colmena, 1989.

La guerrilla fantasma. Prólogo de Silvio Torres-Saillant. Ilustrado por Víctor Amador. Nueva York: Editorial Moria, 1989. [Mención, Revista *Tríptico*, San Juan de Puerto Rico, 1988]

La voz de la mujer que llevo dentro. Prólogo de Laura Riesco. Nueva York: Editorial Arcas, 1990. ISBN 0-9623552-1-6

Pato salvaje. Prólogo por Carlos Antonio Rodríguez-Matos. Nueva York: Editorial Arcas, 1991.

Entre la inocencia y la manzana. (Antología cronológica). San Juan de Puerto Rico: Editorial de la Universidad de Puerto Rico, Colección Aquí y Ahora, n.3, 1996. ISBN 0-8477-0260 X

La voz de su dueño. Prólogo de Silvio Torres-Saillant. Nueva York: Latino Press, 1999.

De antiguo amor: Poemarios 1965-1983. Pontevedra: Taller del Poeta, 2004. Contiene: "Mito. Interior"; "La abeja asesina"; "Las transformaciones del vidrio"; "La P de Picasso". [Se puede bajar gratis de www.eltallerdelpoeta.com en formato PDF] ISBN 9788496 073425

Pan errante. Pontevedra. Taller del Poeta, 2005. ISBN 978-84-960737-9-1

Mala leche. Pontevedra: Taller del Poeta, 2007. ISBN 978-84-96572-84-3

El jubilado. http://eljubilados.blogspot.com

Poemas inhumanos. Pontevedra: Taller del Poeta, 2012. ISBN 978-84-15144-90-8

Al hipócrita lector, mi pana, mi compinche.

ÍNDICE

PRÓLOGO DE AUTOR ix
ESTADOS ALTERADOS 13
ESPERPENTO 14
TRÁNSITO 15
LUNICIDIO 16
HAMBRUNAS 17
DOÑA MILAGROS 18
LAS ABUELAS 19
LA VAINA DEL POETA 20
GÉNEROS 21
VIUDO 22
GUAGUA AÉREA 23
BOLÍVAR 24
EPITAFIO 25
LOS SIETE PECADOS CAPITALES 26
    LUJURIA (PANIS ANGELICUS) 26
    GULA 27
    CODICIA/AVARICIA 28
    PEREZA 29
    IRA 30
    ENVIDIA 31
    SOBERBIA 32
MIX ONE 33
EROS 34
LA PRÓXIMA ENCARNACIÓN DEL POETA 35
POETAS 36
LA LOLA 37
TARDE OSCURA DEL ALMA 38
EL LIBRO DE LOS ROSTROS 40
JUiLLET 17, 1794 41
JOHN KEATS 42
TERCERA EDAD 43

PRÓLOGO DE AUTOR

El título de este poemario cubre la experimentación con sustancias "prohibidas" desde mi primera botella de vino a los cinco años, hasta el descubrimiento del hachís y la marihuana en los 60 y 70, y luego una serie de alucinógenos en Europa, Nueva York y Chile. También cubre mi presente condición como sobreviviente a largo plazo del SIDA, y el descubrimiento de las píldoras de THC, ingrediente activo de la marihuana que, bajo receta médica, me ayuda a mantener el apetito, conciliar el sueño, y soportar los dolores y las neuropatías del peor estado alterado posible: la vejez.

En mi caso la frase refiere a la combinación de vino rojo, la pildorita, y la música que me permite seguir escribiendo. Pero también refiere a "estados que alteran", tales como la situación espiritual y política en los tres lugares que formaron mi identidad para luego traicionarla: Puerto Rico, Venezuela y los Estados Unidos; la violencia descarada tanto de la izquierda como de la derecha; la obstinada negación del calentamiento global por parte de líderes fascistas; la eventual destrucción de fauna y flora a manos de los monos asesinos. Por último, deseo "alterar" la percepción poética que decreta una "moral" para lo que se escribe en términos de palabras, temas y enfoques. Quiero que lo que escribo altere, moleste, irrite: por ello escojo como sujetos la enfermedad, la violencia del medio ambiente planetario, la poesía cursi y los poetas mediocres que pululan en congresos literarios, la vejez y la muerte ya no como tropos románticos sino como componentes una realidad cotidiana.

La forma de mis poemas constituye un "estado alterado", ya que he escogido rehacer a mi manera uno de los formatos más respetados y presuntamente difíciles: el soneto. He prescindido de la estructura métrica y silábica. He mantenido solamente las catorce líneas porque me parece un buen número para comprimir un máximo de contenido en un mínimo de extensión y vocabulario. En cuanto a éste, me esfuerzo por desacralizarlo mediante el empleo de modismos de diversos países, voces populares y palabras consideradas "soeces" pero que se usan cotidianamente en una variedad de significados.

En cuanto a la portada: ese oso fue mi primer regalo de cumpleaños. Ha viajado conmigo y se va conmigo.

Alfredo Villanueva Collado
NYC 2015 - Jacksonville, Flo. 2016

ALFREDO VILLANUEVA-COLLADO

ESTADOS ALTERADOS

ESTADOS ALTERADOS

Su primera borrachera fue a los cinco
añitos, cuando en la nevera
encontró un líquido amarillo.

Se pegó a la botella, curioso.
Esa nueva agua viva resultó deliciosa.
Más sabrosa que la chocolatina.

Agarró la cobija y el oso.
Se apareció en la sala ante invitados.
Dijo, mami, me siento mareado

y fue a parar al piso, dichoso.
Más tarde, disfrutó otros fármacos
administrados por un espinoso

maestro. Comprendió su destino:
transitar estados alterados,
domar un universo de palabras.

ESPERPENTO

¿Qué quiere decir "poeta anciano"?
El esperpento ya no recorre calles.
No puede con trenes ni autobuses.

Depende del que sale y entra.
No requiere alimento, sino vino.
Solo tiene hambruna de muerte.

Pero se arrastra de día en día.
Complace a los que lo necesitan
para llenar el vacío de sus vidas.

Ya está hastiado de ser argamasa
con la que tapar huecos en diques
que no ha construido ni perforado.

Desea la inconsciencia de la grapa.
El nirvana de las pildoritas.

TRÁNSITO

Desplumado desnudo,
sin pétalos, vocablos, sonidos.
No puede producir un poema al día
ni participar en antologías de editores
adictos a sus propias emanaciones.
Sólo queda un callejón de redes

sociales que separan, disgregan,
desbaratan lenguas e idiomas.
Mientras tanto, los espejos aguaitan.
Abren las fauces de agujeros negros.
El espejismo de la permanencia,
hace que nadie los perciba, o acepte.

El tránsito hacia un paradigma nuevo
bulle en los miembros del poeta aterido.

LUNICIDIO

Para todos los partidarios de la luna,
casta, recogida, esplendorosa,
desnuda cazadora de incautos,

una advertencia. Las voces cambian.
De extáticas pasan a sonámbulas.
El amor, o el escenario, las arrastran

hacia virtuosas m/aromas vocales.
Pero a la falsa bola de queso
nada le importa. Ni a la doncella
que le representa. Diana, Selene.

Un poeta con muy mala suerte
se encontró con ambas, en la puerta
de un tugurio de buena muerte.
Ahora duerme, desnudo, despierto.

HAMBRUNAS

Híbrido proscrito de todo territorio,
se arrastra por variadas dimensiones.
Carga con su rabieta cósmica,
maldiciendo los dioses que ha creado

a su rebelde semejanza e imagen .
Rueda tronando de mercado en abasto.
Protégelo, Virgen de Coromoto.
Protégelo, María Lionza.

Protégelo, Virgen de la Candelaria.
Y tú, Padre Gregorio Hernández,
restaña la terrible nostalgia:
deseo de una patria limpia de hambrunas

donde siempre llueva café en el campo,
se encuentren arepas en cada esquina.

DOÑA MILAGROS

Murió mi vecina, la Milagros.
Dominicana casada con Islámico.

Por cuarenta veranos la encontré sentada
en las escaleras de su edificio,

envuelta en los trapos religiosos
que su marido le había impuesto.

Y me decía: ¿cómo estás, mi niño?
Siempre presta a dar una mano.

Mientras ella moría, yo evitaba
el eterno invierno, en mi celda.

Ahora, espero que forme parte
de los que me reciban cuando parta.

LAS ABUELAS

Maldita sea. Me destruye la sangre
de las abuelas, cuyos genes
arrastran fatalmente de ritmo en ritmo.

Mi abuela negra me legó blues y plena.
La española, sardanas y jotas.
La gitana, sevillanas, cante jondo.

La venezolana, pasajes, joropos;
las abuelas del cono sur, la milonga.
La italiana, ravioles operáticos.

La abuela monja, éxtasis polifónico
teñido de melancolía y martirio.

Sólo Dios sabe cuántas otras abuelas
se ocultan tras celosías de sonido,

Cuando preguntan: y tu abuela, ¿dónde 'ta?
respondo: en mi cuerpo, el poema, la rabia.

LA VAINA DEL POETA

Una vaina es un cofre lleno de pepitas.
Una vaina es palabra de todos,
permitida en variados contextos,
como, vaya vaina, hermano;
o, al carajo con tanta vaina.

Pero no una palabra poética.
¿Se atreve alguien a escribir:
no m'eches más vainas, condenao?
Como me gritaba mi tía, cuando le corría
de jaula en jaula, espantando canarios.

Vaina fatua de una infancia perdida,
vainas polimórficas cada madrugada.
Llevo encima cargamento de vainas
que no puedo vender bajo algarrobos.

GÉNEROS

Un puto viejo, poeta anciano.
Viste su camiseta a la Ava Gardner,
caída sobre un hombro insolente.
Escucha un nuevo orgasmo musical italiano

mientras aferrado al escritorio
y la silla, cimbrea su cachondo
pasado, no de discoteca

sino de gastada nostalgia infinita.
Quisiera atreverse a tomarse un *selfie*
en su descarada decadencia.
La prudencia vale más que el desafío.

Nadie tiene que saber de los momentos
en que recobra esa identidad fluida,
abarca la frontera entre macho y hembra.

VIUDO

Uno solamente quiere a otro.
Todos los demás son distracciones
para el viaje de rodada cuesta abajo.

Y lo quiere a través de vidas y muertes;
el devenir de transmigraciones
tan permanentes como transitorias.

Llora a gritos ese dolor sin nombre.
Busca remplazo, pero no aparece.
Triunfan los muertos sobre los vivos
en caldo amargo de supervivencia.

Solo queda el paliativo del tiempo
y la espera. El amor no se pierde.
Se convierte en nostalgia, certeza,
aullido de lobo bajo luna llena.

GUAGUA AÉREA

Los puertorros van y vienen de la isla.
En su placenta cargan la nostalgia
de playas y bacalaítos. Desconocen

la burundanga de la que emanan:
proscritos relatos de violencia y tortura;
agregados burgueses que proclaman

teatralmente su rencor al imperio
mientras, arrodillados, lamen botas,
entregan hembras a los invasores.
El des/encanto de la colonia

da prestigio. Nadie les pregunta
cómo bregan con el genocidio.
Reciben acoladas de izquierdas ciegas.
Traicionan a diestra y siniestra.

BOLÍVAR

Que se fuña. Mi Simón Bolívar
no es el de las izquierdas lameculos.
No pertenece a chavados ni maduros.
Venezuela lo ha de nuevo traicionado.

Mientras lo mitifica, lo denigra.
No entendió el profético mensaje.
Sigue meretriz, vendiendo las nalgas.

Se rige por sangre el planeta.
Los visionarios, descaradamente,
son transformados en monos asesinos.

Cómo rescatar el paisaje perdido,
esa infancia en la amada parroquia;
ese mártir, ignorado, mancillado
por los que lo mercadean. Mi héroe.

EPITAFIO

El día trece del mes treceavo
de todos los años que acaban en trece
acaba de morir el maldito poeta.

Algunos lo bautizan colonizado.
Otros lo tildan de comunista.
Los más lo evitan por malhablado.

Ácrata soberanista asimilado,
católico para gustos y odios,
prefiere los perros a los humanos.

Y ha sido tal y como lo pintan:
espejo que implacable refleja
la ideológica inmundicia de sus rostros.

El muerto se levanta, busca un vaso de tinto.
Se somete al orgasmo del viñedo exangüe.

LOS SIETE PECADOS CAPITALES
[ORDEN PROPUESTO POR DANTE ALIGUIERI]
Luxuria Gula Avaritia Acedia Ira Invidia Superbia

LUJURIA (PANIS ANGELICUS)

La lujuria: castidad extrema
envuelta en hambrunas y cilicios,
orgasmos felizmente depravados,
peligrosos placeres del martirio.

Por coincidencia roza una flor.
Escucha una música iluminada.
Goce enteramente diferente.

Se esparce sobre cada cuerpo desnudo.
Se desliza de célula en célula.
Se cuela en los genes del ser que esconde.

Se desliza inevitablemente
por sabrosas laderas de sentidos.
Cualquier requiebro le da escalofríos.
Cualquier desvergüenza lo excita.

GULA

Tiene ataque de gula por el vidrio.
Quiere saborear su sangriento zumo.
Gozar la sal del sudor y el gargajo.

Cuando se da cuenta que ha perdido
sus varias dentaduras, y no puede
morder ni un pedazo de pasado,

se recuesta contra el rastro de un coro,
barbárico en su júbilo sinfónico,
cantando las loas de un dios inexistente
pero presente en mareas de sonido.

Y le viene súbita memoria
de un mago agitando la varita;
Hermes conductor de los espíritus,
coordinador de orquestas fantasmas.

CODICIA/AVARICIA

Primero acumula. Luego retiene.
El mercado más antiguo del mundo.

Cristales, afiches, música, libros.
Quiere tener lo que nadie tiene.
Pavonearse con las adquisiciones.
No dejar que ninguno las posea.

Y mientras más obtiene, más crece
el vacío en el centro del torbellino.
Lo que protege contra diásporas, termina
en casas de subastas, pulgueros, la calle.

La bisutería celosamente juntada
ya tiene otros dueños entre bambalinas.
Esos cuerpos que creyó tan suyos,
son promiscuo abono indiferente.

PEREZA

Es tan terriblemente perezoso
que se aplica, con toda diligencia,
a utilizar el menor tiempo posible
en acabar eternos menesteres

y regresar a incontables indolencias .
Toda gran pereza es poema en ciernes,
arrobada contemplación de estructuras,
tarde tras tarde de audífonos y llanto.

Desidia de al quien exasperan
las fracturas de espacio y tiempo,
la aceleración de genocidios.

Se paraliza para la gran tarea.
Deja hacer al industrioso morbo.
Lo acuna el estercolero de la perla.

IRA

Peor especie del planeta: el primate asesino.
Cada territorio traidor: un infierno.
Cuerpos transeúntes: cunetas.

Su peor rabieta es consigo mismo,
torturado por el don que no entiende.

Rebelde contra el destino que le aguarda,
busca la utopía del vasallaje
pero sus genes no la contienen.

Se identifica con ángeles rebeldes.
Reniega de los crucificados.
Cree a pie juntillas en el ojo por ojo,
la pudrición de fábulas fundacionales.

El cielo es de los mansos, no de los embolados.
Hasta un Dócil repartió latigazos.

ENVIDIA

Todos los que todavía tienen dientes,
pavonean traseros impecables,
publican versos analfabetos,
lo ponen más verde que un aguacate.

Pero no le desea mal a nadie.
La envidia es bondadosa manera
de desearle al envidiado buena suerte,
mientras le dure la fullera fortuna.

También envidia a los músicos sordos,
poetas y pintores ciegos,
tullidos que corren maratones.

Cuando se aburre de envidiar, se repliega.
Cansa ese tanto desear lo ajeno.
Sólo existe un olvido para todos.

SOBERBIA

Reside en todas las redes sociales:
la insoportable soledad de los que escriben
sin que los lean mediocres gregarios.

La petulancia reside en el golpe
del burdo sarcasmo cotidiano.
Ese intento ignorante de auto proclamarse:
el tuyo no es tan grande como el mío.

Que no se mencione la hipocresía
de los seres perfectos. Encubren
el discurso de su nociva alevosía
con habituales peroratas fatuas.

Este poeta siente el carimbo caliente.
Marca cada estación en su cruenta vía:
garganta para todos, para nadie.

MIX ONE
[Para Elena Albo, RIP]

Se disuelve en el atardecer el parque.[1]
La dolorosa besa los pies del extraño.[2]
Yira el corazón hecho pedazos.[3]

Se levanta la voz, añorando[4]
al hombre perdido en lontananza.
Nadie pregunta para dónde ha partido.

La primera vez que contempló su rostro,[5]
fue una apoteosis de asteroides.
Qué estupidez, profesar espejismos.[6]
No se puede creer en la mentira.

El sinuoso recorrido inolvidable,[7]
una batola de organzas y sedas.
Gritan los pájaros sobre lotes baldíos[8]
el desafío agareno de los cuentos.[9]

---

[1] «MacArthur Park», Richard Harris
[2] «La dolorosa». Varios.
[3] «Yira, yira», Roberto Goyeneche.
[4] «My Man's Gone Now», Sarah Vaughan.
[5] «The First Time I Ever Saw Your Face», Roberta Flack.
[6] «Qué estupidez», Paloma San Basilio.
[7] «A calzón quitao», El Lebrijano.
[8] «Las voces de los pájaros de Hiroshima», Ginamaría Hidalgo.
[9] «Vivir un cuento de hadas», El Lebrijano.

EROS

Confunde los nombres de muertos y vivos
que ha querido. Lo aturde el revoltijo
de amigas fieles y machos realengos.

Desde la infancia fue sato enamorado.
Algunos lo rechazaron, aterrados.
Otros lo aceptaron en silencio,

muda complicidad y compromiso.
Y ahora, el otrora cuerpo deseable
convertido en carcamal, esperpento,
sabiéndolos desaparecidos

los recrea en diaspórica memoria.
Se contemplan desde el torbellino;
la distancia que los desconoce los une.
Toda ausencia contiene una presencia.

LA PRÓXIMA ENCARNACIÓN DEL POETA

Ya no tiene futuro, y no puede
con el panteón de próceres inútiles.
Se jodió el poeta transeúnte.

Como buen psicoanalizado
busca el regazo de la virgen madre,
la entrepierna de cualquier papi chulo.

Enredado en la telaraña de la historia,
de evolución en revolución se desplaza.
Confronta la traición de las ideologías:
Freud, Robespierre, Muñoz, Maduro.

Se le despierta un aborrecimiento
contra la especie a la que pertenece.
Se sumerge en voces, catedrales.
Emerge vistiendo guillotinas, balas.

POETAS

Los poetas se auto-leen y releen,
continuamente, explorando
narcisistas laberintos de palabras.

Escriben. No les queda más remedio.
Se entregan a estados alterados,
juergas, cuerpos asequibles, múltiples

fragmentaciones de espejismos.
Van rodando de mendrugo en mendigo,
registrando la basura en los textos.

Cuando trabajan a tiempo completo
disfrazados de mansos académicos,
ocultan sus inmodestas ínfulas nudistas.

Y luego se desploman, cuando los abusados
órganos no dan para más. Reverencia y mutis.

LA LOLA
[POULENC]

La Lola se fue a los puertos
en busca de algún marido;
Rosaura salió a las cinco
y no regresó a las siete.

Ese fantasma sin nombre,
agostado ante un teclado,
fue como Lola y Rosaura.
Sólo le queda el resabio.

Encima le cae un órgano
como pared de ladrillos,
orgasmo mal disparado.

Cólera desesperanzada.
Escenario de fantoches.
Aria degollada en público.

TARDE OSCURA DEL ALMA
[Eduardo Galeano, RIP]

Al fin parece que llegó la primavera,
pero jamás regresarán las golondrinas
al cuerpo aterido del anciano escribano
que refugio busca en palabras al viento.

¿Será cierto que la identidad se pierde?
No. Las identidades se acumulan.
Hay que mantener confianza de niño.

¿Cómo vivir acompañado de invisibles?
¿En cuáles condiciones entregarse
a la descomposición de los miembros,
la pérdida del rostro en el espejo?

El haber nacido fue un hecho escogido
en plena conciencia de un final predicho,
la violencia del proceso de partidas.

Mi dios, mi dios, nunca he creído
que fueras ni omnipotente ni omnisciente.
Más bien criatura cósmica en proceso;
a veces psicópata rabioso;

mística laboriosa hembra lasciva;
esfinge, minotauro, quimera, tramposo
patriarca arbitrario que se regodea
devorando el universo que lo crea.

Los demás dicen tener fe. Se retuercen
en las infinitas torturas que inventan
en tu nombre, citando como leyes
textos sacramente obscenos.

Repito plegarias que no hacen sentido
frente a cruces de palo, vírgenes de vidrio.

EL LIBRO DE LOS ROSTROS
Para Claudia, Arlen, Denis y los todos que resisten.

Las redes sociales
no son más que cadenetas de agujeros
tejidas con mucosa de narcisistas
que sólo saben transitar por hoyos.

Los ignorantes, más que abundan, pululan.
Ensalzan ideologías acéfalas.
La izquierda, podrido remedo de derechas.
Predomina rugido irracional de primate.

Por otro lado, se producen encuentros
entre individuos, que han descubierto
que conquistaron tiempo y distancia.

Todavía los marca el fuego de la ira,
la noción de justicia, la visión de patria,
aprendidas en los albores de la infancia.

JUILLET 17, 1794
[POULENC]

Amadas hermanas. Juramos,
por el bien común, compartido martirio.
Y todavía, dispersas a través del confuso
universo de las coincidencias,

nos encontramos, revivimos
no la aceptación, sino la ira
de los inocentes contra el suplicio.
¿Cómo parar el flujo de fluidos?

¿Creando colosales avenidas
de sangre, o acurrucadas
en calabozos de auto inquisiciones?
Esposas de un dios, o de cualquiera

que pueda soltar treinta monedas.
Visionarias vírgenes, reconociendo
el orgasmo que existe en fálica navaja,
el aullido de sanguinarias multitudes.

JOHN KEATS

Nadie se enamora de la muerte.
Es una compulsión ya inevitable.
Cada uno ayuda a que ocurra

a través de indolente indiferencia.
Matasanos especialistas colaboran
con mercantiles depredadores.

Los conocidos desconocidos
por las telarañas cibernéticas
ni se dan cuenta que los persigue

e inevitablemente los devora.
Así, que surja un último poema
frente al espejo que se desmorona.

El mordisco de las esquirlas se acrecienta.
Llega el momento del terror, y el descanso.

TERCERA EDAD

Cuando el poeta de luz mediterránea
se muda con gringos monolingües
la acentuación es lo primero que olvida.

Para su humillación y su miseria
ya no recuerda los cambios de reglas,
ni las reglas que no han cambiado.

Mas persigue el rastro de un ritmo
por alcázares desaparecidos;
jardín de fruta roja de la muerte
derrotada por un imperativo.

Y se hunde en sinfónico abismo
a través de teclas de marfil ilícito.
Se reconoce, eterno transeúnte.
Da un último alarido de cisne.

Alfredo Villanueva-Collado (Santurce, P.R., 1944)

PhD, SUNY Binghamton, NY. Profesor emérito, Eugenio María de Hostos Community College, CUNY. Primer premio de poesía y cuento de *Casa tomada*, NY, 2006. Mención cuento, Ateneo Puertorriqueño, 2006. Entre sus poemarios se cuentan *Pato salvaje* (Arcas 1991), *Entre la inocencia y la manzana* (UPR 1996), *De antiguo amor* (Taller del Poeta 2004), *Pan errante* (Taller del Poeta 2005), *Mala leche* (Taller del poeta 2007), y *Poemas Inhumanos* (Taller del Poeta, 2013). Actualmente jubilado, se dedica a la poesía, la cocina y la cristalería checoslovaca del Art Nouveau. Se le puede acceder en Facebook, Wikipedia, academia.edu y por correo electrónico a: alfavil@aol.com

www.ingramcontent.com/pod-product-compliance
Lightning Source LLC
Chambersburg PA
CBHW020024050426
42450CB00005B/632